謹以此書獻給我們可愛的女兒小吐司。

看漫畫，秒懂 MBTI 16型人格！

梁鋒、胡凌浩 ──著・繪

跟風KPOP愛豆、接軌國際企業，最受歡迎的<u>超神準人格測驗</u>！

前言

　　MBTI 的英文全稱是 Myers-Briggs Type Indicator，意思是「邁爾斯‧布里格斯類型指標」。MBTI 是全球通用的一種人格分類方法，被廣泛應用於商業、軍事、教育等各個領域，在人們的日常社交、職業選擇、情感溝通等方面都有良好的促進作用。

　　在漫畫劇本創作中，人物塑造是核心，所以我一直對人格心理學非常感興趣。前些年，我開始瞭解 MBTI。起初，我對這種所謂的人格分類方法不以為然，認為它是似是而非的玩意兒，於是抱著玩玩的態度測試了自己的人格。結果表明，我是 INTJ 型人（是的，那時候我完全不知道這幾個字母所代表的含義）。

　　「高度的計畫性、不屈服於權威、缺乏羅曼蒂克、不合群……」

　　看著 MBTI 對這一人格的描述，我心想：「好吧，說得還滿準的。」

　　於是，我開始收集關於 MBTI 的資訊，瞭解關於每種人格屬性最適合交往的人格類型。根據 MBTI 相關理論，INTJ 型人最適合與 ENFP 型人交往。

　　我想試驗一下 MBTI 的準確性，於是用它給女友測試了一下，

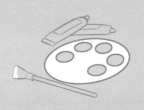

結果女友居然真的是 ENFP 型人！

　　「樂觀、外向、適應能力強，有時候會裝瘋作傻……」

　　這完全符合我女友的特點！她開朗樂觀，是人群中的開心果，但有時候又會陷入難以自拔的沮喪中。她的樂觀和感染力，正是我缺乏的東西，這也是我喜歡她的原因。

　　於是我和女友對 MBTI 產生了濃厚的興趣。我們開始用 MBTI 對周圍的朋友進行測試，發現它描述的內容準確率非常高。同時，我查閱大量的資料，發現 MBTI 每種人格屬性的人就像一個鮮活的角色一樣，非常適合用漫畫來表現！於是我萌生了創作一部關於 MBTI 的漫畫書的想法。

　　本書第一章介紹 MBTI 的歷史概況，第二章介紹邁爾斯字母的含義，第三章介紹 16 種人格類型，每一節對應一種人格類型。第三章每一節的開頭講述了人格形象的設計靈感來源，結尾附有描述相應人格的關鍵字和這種人格的代表人物。

　　希望這本書能通過視覺化的語言，讓更多的人瞭解這種人格測試方法。

目錄

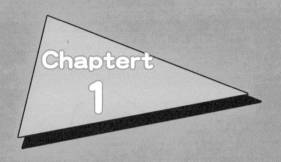

Chaptert
1

歷史概況

第二次世界大戰期間，大量男性上了前線，

許多女性離開了家庭，來到工廠。

對大多數女性來說，到工廠工作是一件全新的事情。

兩位了不起的女性想到：如果有一種方法可被用來了解每個人的人格屬性，

或許有助於幫助人們找到適合自己的工作崗位。

這兩位女性便是伊莎貝爾·邁爾斯和

她的母親凱瑟琳·庫克·布里格斯。

起初，她們到處尋找人格類型的測試方法，但是一無所獲。

她們決定從頭開始，自己制訂一套測試方法。

經過多年的努力，她們參考榮格的人格類型學說，
製作了測試表格。

這就是我們所說的 MBTI 人格測試表。

MBTI

50 年後，至少有幾億人體驗了或者聽說了 MBTI。

它被廣泛應用在各種場合。

企業招聘

你的履歷很符合我們公司的需求。

職業選擇

我該找什麼工作呢？

戀愛擇偶

魔鏡、魔鏡，我的伴侶是什麼樣的人呢？

MBTI 成了世界上應用最廣泛的人格測試方法！

邁爾斯並沒有直接用語言來表現 16 型人格，
而是用不同的字母組合來表示，下面介紹這些字母的含義。

在分析人格類型時，我們
可以先思考 4 個問題

| 心理能量的來源 |

Extroversion
外向

Introversion
內向

| 認知世界的角度 |

Intuition
直覺

Sensing
感測

| 面臨選擇的時候
如何做出判斷 |

Thinking
思維

Feeling
情感

| 如何實踐 |

Judging
判斷

Perceiving
知覺

接下來我們一起探尋每組字母
表達的意義！

TIPS

不同的書籍對邁爾斯字母的翻譯不盡相同，本書採用傳播較廣的翻譯版本。心
理學家凱爾西認為，judging 和 perceiving 指的是人們在實際工作時的兩種
行為方式，分別與 scheduling（計畫）和 probing（探索）相關。

切記，請不要教條式地對待人格測試的結果——人的複雜程度遠非幾個維度可以概括。不過，把複雜事物簡單化，也是我們認知世界的有效方法。

Chaptert 2

字母的含義

E&I 外向 vs 內向
Extroversion vs Introversion

你會在各種社交場合遇到這兩種人……

外向者（E屬性者）往往是大家關注的焦點，

而在角落裡不怎麼合群的人，則往往是內向者（I屬性者）。

雖然E屬性者善於溝通，但往往不擅長聆聽，

而I屬性者卻是很好的傾訴對象。

E屬性者急切渴望傳達自己的想法，

而I屬性者卻不怎麼擅長表達。

E 屬性者能夠通過和別人交流獲得能量。

相反地，I 屬性者卻能夠從安靜的活動中獲取能量。

在獨處的時候，他們會表現得焦躁不安。

而在喧鬧場合，他們的能量會很快地消耗完。

當然，這並不意味著 I 屬性者完全排斥和別人交流，他們也是有溝通需求的。

N&S 直覺 vs 感測
Intuition vs Sensing

在看待某件事情上，每個人會有不同的角度。

我都一大把年紀了，還有門禁，
搞得我男朋友都不敢和我在一起了……

根據佛洛伊德的觀點，
這是「超我」對「本我」的壓抑。

S屬性者對周圍環境的變化非常敏感，

而N屬性者則沉迷於頭腦中抽象的概念。

最近的菜價漲了兩塊！

只不過是「通貨膨脹」而已。

比起爸爸，小孩對媽媽更親近一些。

這是印刻效應。

S屬性者更看重眼前的事情，

而N屬性者則更注重未來的變化。

S屬性者往往把事情簡單化，而N屬性者會把事情複雜化。

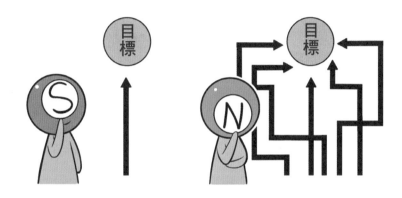

S屬性者比較現實，認為事物就是它們呈現的那樣。

N屬性者比較天真，認為事物就是它們應該成為的那樣。

電影《駭客任務》：

面對未來：S 屬性者會依據實際的挑戰來決定自己的行動，

而 N 屬性者傾向於不停地內省。

T&F 思維 vs 情感
Thinking vs Feeling

當你訴苦時，

T 屬性者會給你建議，

F 屬性者會表示同情。

你應該這樣……
還應該那樣……

真、真可憐……

T屬性者認為邏輯重於情感，

而F屬性者認為情感重於邏輯。

T屬性者對規則和事情感興趣，

而F屬性者更看重價值和人。

J&P 判斷 vs 知覺
Judging vs Perceiving

不同的人會表現出不同的行事風格；

J 屬性者生活態度嚴謹，做事一絲不苟，

P 屬性者生活比較隨性。

J屬性者往往會列出嚴格的行動計畫並加以實施。

當 J 屬性者購物時

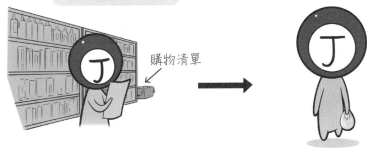

購物清單

P 屬性者則相反,他們對要做的事沒有什麼固定的計畫,
想到哪兒做到哪兒。

當 P 屬性者購物時

這個不錯!

這個也很好!

買了大量不在
計畫內的東西。

J屬性者思維更加結構化，做事目的性更強。

P屬性者思維更靈活，更容易適應環境。

耶！

將 4 個維度上的特定偏好進行組合，就構成了某種特定的人格類型；
比如 ISFJ 表示「內向—感測—情感—判斷」。

ENFP 代表「外向—直覺—情感—知覺」。

由此可以產生 16 種不同的人格類型：

策畫者 INTJ	建築師 INTP	調查員 ISTJ	保護者 ISFJ
陸軍元帥 ENTJ	發明家 ENTP	監督者 ESTJ	協調者 ESFJ
勸導者 INFJ	化解者 INFP	藝術家 ISFP	巧匠 ISTP
教師 ENFJ	奮鬥者 ENFP	表演者 ESFP	創業者 ESTP

以下是每種人格的形象化展示！

※：建議先做完 MBTI 的測試，知道自己的人格後，再閱讀接下來的章節。
注意人格名稱因翻譯的關係可能會有不同版本，請依據四個英文字母來對
應書中內容。（以下測驗題組引用網路免費測試）

網址：http://www.pse.is/unq66

MBTI 16型人格

策畫者
INTJ

建築師
INTP

調查員
ISTJ

保護者
ISFJ

陸軍元帥
ENTJ

發明家
ENTP

監督者
ESTJ

協調者
ESFJ

勸導者
INFJ

化解者
INFP

藝術家
ISFP

巧匠
ISTP

教師
ENFJ

奮鬥者
ENFP

表演者
ESFP

創業者
ESTP

接下來第三章的每節
介紹一種人格！

根據觀察，NT、NF①型人格的人，對測試結果認同度較高。SP、SJ②型人格的人時常否認測試結果，或者對迫選式人格測試③缺乏興趣。

注①②：心理學家凱爾西在邁爾斯—布里格斯 16 種人格類型學說的基礎上，將其中相近的 4 種人格畫分成一組，共分成四組，分別為 NT 型理性主義者、NF 型理想主義者、SP 型經驗主義者、SJ 型保守主義者。注③：指通過對給出的固定選項做出選擇，將人格分類的測試方式。

Chaptert
3

16種人格類型

INTJ 策畫者

INTJ 型人具有強大的理性思考能力，有時候外在的情感表現較為冷漠，但其實他們擁有一顆滾燙的內心。原型是皮克斯的動畫《瓦力》的主角，所以我將其設計成機器人的形象。

INTJ 型人是制定計畫的狂人。

從安排一次家庭成員的度假旅行，

到預防敵人入侵的戰略防衛，他們都會樂此不疲地制定計畫。

INTJ 型人經常思考事情發展的各種可能性，和一般人無法想像的問題。

所以，當你看到他們見到「不可能」發生的事情，
卻一點兒都不驚訝的時候，不要感到奇怪。

INTJ 型人總是先確定 A 方案，

如果遇到障礙……

報告長官！
前方有水！

他們就會立刻換成 B 方案。

如果 B 方案還不行……

他們還有 C 方案、D 方案、E 方案。

不要因為他們說出無理、諷刺的言語而感到驚訝。

INTJ 型人有時會因為過於專注在未來，

而忽視了眼前的事情。

如果 INTJ 型人對人不再刻薄，那麼可能是因為他們病了。

事實上，就算是病了，他們也不會改掉尖酸刻薄的本性……

你既然有空來看我，那更應該
有時間把計畫完成了……

他們難以想像，其他非 INTJ 型人竟然不是和他們一樣生活和處理事務的。

但事實上，情況也許和 INTJ 型人想的不一樣。

在處理人際關係，特別是和伴侶的關係，
他們一點也不浪漫。

INTJ 型人的表情

喜

怒

哀

樂

INTJ 型人對社交活動缺乏興趣。

即便在比較隨意的場合，他們也會表現出冷漠的樣子，
渾身散發著「不要理我」的氣息。

早知道就一個人待在家裡了⋯⋯

無聊透頂！

真是浪費時間！

他怎麼還不從我身邊走開！

但是 INTJ 型人仍然是深情的人。

他們一旦確定了適合自己的伴侶,就會變得熱情而忠誠。

當然,這也是經過他們周密計畫的結果。

策畫者（INTJ）
性格關鍵詞

冷漠

獨立

交談時
心不在焉

計畫多

標準高

自戀

「事情還有改進的空間」

策畫者（INTJ）
代表人物

艾薩克・牛頓
Isaac Newton

馬克・祖克柏
Mark Zuckerberg

弗里德里希・尼采
Friedrich Nietzsche

史蒂芬・霍金
Stephen Hawking

艾茵・蘭德
Ayn Rand

伊隆・馬斯克
Elon Musk

※：本書參考人格測試網站 IDRlabs 繪製了每種人格的代表人物。

INTP 建築師

INTP 型人對概念存在偏好，會默默地在精神世界建構他們的
理論框架，所以我將其設計成在工地忙碌的建築師形象。

INTP 型人沉迷於理論和邏輯推理中。

一般人眼中的世界

嘟嘟~

INTP 型人眼中的世界

社會存在 $F=\mathrm{d}(mv)/\mathrm{d}t$

上層建築

經濟基礎

成本

效益　　**市場經濟**
gdp

$$\lim_{t\to 1^-} f(tz_0) = \lim_{t\to 1^-} \sum_{n\geq 0} a_n t^n z_0^n$$

自我實現

國家機器

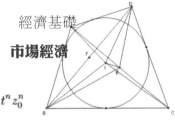

他們高度重視依靠智力和運用理論推理來尋求解決方案。

他們如此執迷於尋求符合邏輯的解釋，以致於他們好像活在精神世界中，

理想國

自我

本我

超我

哲學

而可能忽略外在的世界。

他們喜歡指出別人聲稱的和實際的不同。

所以向 INTP 型人撒謊不是一個好主意，

也別指望他們會迷信某種權威。

INTP 型人在說話時總是有所保留，這不意味著他們不誠實，

而是他們喜歡分享自己尚未完善的想法。

這樣可以讓別人驗證自己的想法或概念。

這可能讓 INTP 型人看起來不太可靠。

但實際上,沒有人比他們更富有熱情和善於解決問題了,

他們會考慮問題的所有細節,並制定獨特而可行的方案。

只不過別指望他們會嚴格地按照時間表來做事。

他們對日常的工作不感興趣。

當發現一個能夠讓他們的才華得到展現的領域時，

他們會投入無窮的時間和精力，並找到徹底和合理的解決辦法。

從每天早上一醒來，INTP 型人大腦裡就充斥著各種想法。

他們不停地在大腦中進行思辨，

這讓他們看起來十分深沉和超然。

在現實中，INTP 型人在熟識的朋友面前會表現得友好和放鬆。

但是在陌生人面前，他們會表現得十分靦腆。

而當他們的理論框架受到挑戰時，
玩笑式的戲謔也會演變成一場激烈的爭論。

當談話能夠幫助他們理清最近思考的邏輯鏈條時，
他們會表現得很高興。

他們喜歡通過一個高度概括的、複合的角度去理解問題，
而不是僅僅通過一個簡單的角度去理解。

但當別人表達主觀感受和發洩情緒時，他們會表現出很不耐煩的樣子。

有完沒完
……

他們更喜歡尋求一系列符合邏輯的建議和方法。

INTP 型人不能理解別人對感情的抱怨，比較難提供情感上的支持。

建築師（INTP）
性格關鍵詞

喜歡解決問題

健忘

有能力

靈活多變

冷靜

不合群

缺乏耐心

建築師（INTP）
代表人物

亞當·史密斯
Adam Smith

查爾斯·達爾文
Charles Darwin

阿爾伯特·愛因斯坦
Albert Einstein

漢娜·鄂蘭
Hannah Arendt

瑪麗·居禮
Marie Curie

勒內·笛卡兒
Rene Descartes

ENTJ 陸軍元帥

ENTJ 型人霸氣、無所畏懼，所以我將其設計成一個典型的軍官形象。

ENTJ 型人是十分耀眼的存在。

小時候

學生階段

工作後

ENTJ 型人是天生的領導者,是領導者中的領導者。

ENTJ 型人擁有對權力的欲望，為達成某個目標，
他們總能扮演協調者的角色。

自己找的裝修大隊

他們會不遺餘力地讓一項工作按最合理的流程推進，

自己買的
裝修原料

從而讓事情「以最小的代價，獲得最大的報酬」。

總共花費：30,000 元

木工師傅
做的桌椅

ENTJ 型人非常強勢，說話的時候總給人高高在上的感覺。

這和他們所處的職位沒有一定的關係，不管他們在群體中處於什麼地位，

他們總是以一副領導者的口氣說話。

ENTJ 型人認為自己棲身於弱肉強食的叢林社會。

人生就是成為山頂上最強者的過程。

ENTJ 型人看不起懦弱和膽小怕事的人，

這些人往往是他們諷刺和挖苦的對象，

你們這種人的存在，
簡直就是在浪費糧食！

他們會毫不留情地揭露他人的軟弱和無能。

投降吧！

哈哈哈！

ENTJ 型人有時會行為不端，

甚至會恃強凌弱，
表現出很強的攻擊性。

你在幹什麼!?

他們可能時常脾氣暴躁。

他們熱衷於用武力快速地解決問題。

他們自尊心強，時常隱藏自己的真實感情。

展現出愛慕之心是軟弱的表現。

好幼稚

但是他們並不缺乏異性緣。

他們對配偶有較高的要求，

外貌普通

合格

智商一般

因為一段穩定的婚姻也是他們踏上遙遠征程的重要步驟。

陸軍元帥（ＥＮＴＪ）
性格關鍵詞

系統謀畫者

居高臨下

不近人情

合群

好爭辯

公司管理階層

陸軍元帥（ENTJ）
代表人物

尤利烏斯・凱撒
Julius Caesar

莎莉・賽隆
Charlize Theron

比爾・蓋茲
Bill Gates

拿破崙・波拿巴
Napoleon Bonaparte

ENTP 發明家

ENTP 型人擁有自信、聰明的特質，代表人物是《回到未來》
電影裡的博士，所以我將其設計成發明家形象。

ENTP 型人好奇心極其強烈。

從周圍的大自然，

到幾億光年之外的外太空，

他們幾乎無時無刻都在探索各種事物。

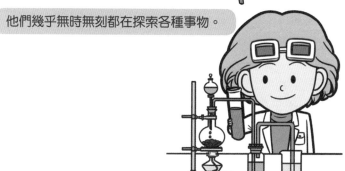

ENTP 型人擁有淵博的知識和靈活的思維，

這使得他們能在辯論中輕易地擊敗對手。

但有時候，辯論成功並不是一件好事。比如，

在和伴侶爭論時辯贏了對方，並不意味著能成功解決雙方爭論的問題。

ENTP 型人往往會被尊重，

但不一定被喜歡。

人們往往比較重視舒適的情感體驗，而不是令人苦惱的真相，
這讓 ENTP 型人非常沮喪。

擅長分析的 ENTP 型人，往往是社會現象的敏銳批評者，

就像古希臘哲學家的蘇格拉底。

對這個問題，我有不同的看法……

即使遭到大多數人的反對，甚至危及生命，

他們也要說出自己的不同意見。

稍等，讓我把話說完！

他們不願意按特定的方式做一件事情。

真無趣。

看我的！

他們與眾不同，常常關注更好的方法與工具。

與日常生活中遇到的普遍問題相比，

他們更喜歡挑戰困難和複雜的問題。

但是，解決後一類問題，往往需要大量的知識和技能，

在掌握足夠的知識和技能之前，他們還是要尋求別人的幫助。

ENTP 型人有時候會故意唱反調。

他們實際上並不是真正地支持他人的觀點。

ENTP 型人通常非常直接、坦誠，討厭拐彎抹角的說話方式。

我最近一星期都在節食減肥，你看有效果嗎？

是啊……
看、看起來好像
真的瘦了……
一點點。

所以有時候會傷害別人。

我覺得你比以前
更胖了！

ENTP型人寧願被當作瘋子，也不甘於平庸。

發明家（ENTP）
性格關鍵詞

喜歡挑戰

有創造性

自負

樂觀

好相處

新點子很多

難持之以恆

發明家（ENTP）
代表人物

小勞勃・道尼
Robert Downey Jr.

蘇格拉底
Socrates

伏爾泰
Voltaire

席琳・狄翁
Celine Dion

李奧納多・達文西
Leonardo da Vinci

ISTJ 調查員

ISTJ 型人謹慎、勤勉、內向而可靠，所以我將其設計成調查員的形象。

當一件事情很難按時完成的時候……

把它交給 ISTJ 型人準沒錯！

因為他們是人群中最可靠的那類人。

ISTJ 型人安靜而保守,

他們嚮往和平而安逸的生活。

他們有強烈的責任感,這讓他們時常神情嚴肅。

他們在行事上非常講求秩序和條理，可能有強迫症的傾向。

ISTJ 型人會關注自己的目標，

極具耐心並且意志堅定。

你完全不用擔心
他們會不履行他們的職責。

ISTJ 型人可以在很長一段時間內專注地工作，

對任何重要任務，他們都會投入大量的精力，去完成目標。

然而，他們會拒絕把精力放在那些對他們沒有意義的，

或者沒有實際作用的事物上。

ISTJ 型人尊重法律和傳統，

他們不喜歡突破常規，除非他們認可走出既定模式的理由。

搖頭

他們更喜歡獨自工作，但當需要和他人合作完成某項任務時，
他們也會在團隊中表現得很好。

他們會對自己的行為負責，
在團隊中時常處於權威的地位。

好厲害啊！

崇拜！

他們沒有興趣說太多廢話，喜歡高效且直接的說話方式。

這種語言風格可能並不討人喜歡，甚至會得罪人。

可能即使得罪了人，他們也不知道自己什麼地方出了問題。

ISTJ 型人可能不擅長向他人表達情感。

那個……

那個……

送、送你……

然而，他們強烈的責任感，和在任何情況下都能判斷現在該做什麼的能力，通常會讓他們克服這種天性。而且他們通常善於支持和關心他們所愛的人。

他們還可能會因為過度的自信
而承擔很多額外的工作。

沒事啦，結果已經很好了……

當最終實在無法完成工作的時候，
他們可能會過度自責。

調查員（ISTJ）
性格關鍵詞

組織者

可靠

注重細節

安靜

現實

遵守規則

做應該做的事情

調查員（ISTJ）
代表人物

喬治・華盛頓
George Washington

西格蒙德・佛洛伊德
Sigmund Freud

傑夫・貝佐斯
Jeff Bezos

摩根・費里曼
Morgan Freeman

史恩・康納萊
Sean Connery

ISFJ 保護者

ISFJ 型人是溫柔、善良的保護者，同時是無微不至的照顧者和看護者，所以我將其設計成一個體貼他人的護士形象。

ISFJ 型人散發著天使般的光輝，
他們無微不至的關懷能使人們遠離危險。

ISFJ 型人可以從關照他人的過程中得到無限的滿足。當身邊的人生病住院時，
他們會溫和地給人安慰，默默地準備適當的照看措施。

除非是和親密的朋友或親戚交往，

否則他們並不像 ESFJ 型人那樣坦率、健談。

他們在陌生人面前的羞怯表現，往往被認為是呆板的，甚至是冷漠的，

而實際上，他們古道熱腸，

具有很強的同情心。

ISFJ 型人為人矜持，很喜歡獨立地工作。

實際上，當他們被置於某種權力地位時，

他們甚至會感到不自在。

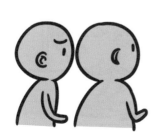

ISFJ 型人不計較長時間做別人不屑一顧的，吃力不討好的工作。

做事周全和節儉是他們的美德。

一旦承擔了某項工作，

他們就會想盡一切辦法來完成。

基於以上原因，ISFJ 型人經常操勞過度，

卻也經常被誤解和輕視，

他們的奉獻和犧牲常常被視為理所當然。

這些事情交給 ISFJ 型人就好了。

這可能會使他們很生氣。

ISFJ 型人信賴傳統制度帶來的安全保障，
會儘可能地遵循習俗和公約。

如果有人違反章程和規則，他們就會感到侷促不安。

這種不安甚至可能鬱積在心中，
久而久之他們可能就會出現疲乏或生病的樣子。

推理和創新不能引起 ISFJ 型人的興趣，

他們重視文化和家族這兩方面的傳統，

他們似乎對任何「上了年紀」或「根深柢固」的事物，

都有一種天生的敬意。

ISFJ 型人重視伴侶和家庭，總是把家裡打理得井井有條。

他們常常期待子女的行為能夠符合社會規範，

因此，他們可能會和處於叛逆期的孩子產生矛盾。

ISFJ 型人需要他人的正向回饋。

如果沒有獲得正向回饋，

他們就會氣餒甚至沮喪。

當承受巨大壓力時，ISFJ 型人會開始想像生活中出現嚴重的錯誤，

並且確信「我做的都是錯的」，或者「我做不出任何正確的事」。

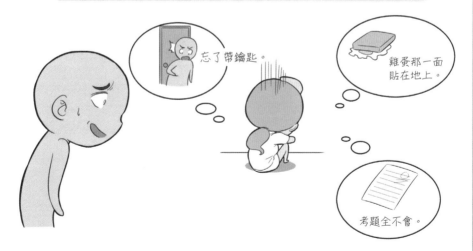

忘了帶鑰匙。

雞蛋那一面
貼在地上。

考題全不會。

保護者（ISFJ）
性格關鍵詞

照顧者

「做有用的人」

忠誠

實幹

有犧牲精神

幕後工作者

責任感強

保護者（ISFJ）
代表人物

德蕾莎修女
Mother Teresa

娜歐蜜·華茲
Naomi Watts

安東尼·霍普金斯
Anthony Hopkins

荷莉·貝瑞
Halle Berry

ESTJ 監督者

ESTJ 型人是傳統的捍衛者，具備管理才能，所以找將其設計成團體中的領導者形象。

假設許多人正在固定的路徑上行走。

當有人離開了團隊的時候，

最先出來阻止他的，往往是 ESTJ 型人。

你走偏啦！

ESTJ 型人注重規則和程序，並且會密切關注人們的遵守狀況。

時常會提出改進工作的意見和要求，

他們認為這是他們的責任，並以系統的維護者自居。

他是誰啊？

他們往往對不好的現象憂心忡忡，

他們會儘可能地維護或維持社會秩序，

事實上，他們是維護社會穩定的中流砥柱。

ESTJ 型人會很好地配合上級，圓滿地完成上級下達的任務。

他們同時期待下屬也用同樣的態度對待他們。

他們習慣發號施令，有時候沒有耐心聽取別人的意見。

那、那個，
我有一個建議……

那、那個
……

有時，他們會給人十分古板的印象。

我的建議
……

按照之前的方
法做，就這樣
好好幹吧！

115

ESTJ 型人十分重視傳統習俗。

父母呼，
應勿緩

父母命，
行勿懶④

二十四孝

彩衣娛親

注④：出自《弟子規》意思是：父母叫喚時，要馬上回答，不可拖延。父
母吩咐後，要馬上行動，不可偷懶。

ESTJ 型人通常對他人嚴格要求，對細節吹毛求疵。

他們往往會忽視他人情感上的需求，

他們甚至會在無意間用自以為符合邏輯的理由傷害別人。

當被別人質疑的時候，ESTJ 型人會感到孤立無援。

他們會認為自己被誤解和輕視，

因為別人認為他們所做的一切都是理所當然的。

這些事
交給
ESTJ 型人
就好啦～

儘管平時他們很擅言詞，但在這種時候，

ESTJ 型人卻很難向別人表達自己的感受。

ESTJ 型人有強烈的責任感，

他們願意從事具有服務性質的，需要自身做出犧牲的事務。

ESTJ 型人在學校往往是好學生，

在公司很容易晉升管理層，

他們往往是世俗定義上的成功人士。

監督者（ESTJ）
關鍵詞

交際能力強

注重結果

管理者

有激情

固執

傳統

原則

監督者（ESTJ）
代表人物

劉玉玲
Lucy Liu

亨利・福特
Henry Ford

艾瑪・華森
Emma Watson

鄔瑪・舒曼
Uma Thurman

ESFJ 協調者

ESFJ 型人會給周圍的人提供無所不包的幫助，有很強的責任感，所以我將其設計成身穿制服、樂於為大家服務的形象。

當你身體不適，需要幫助的時候⋯⋯

周圍的人都對你視而不見，

但有一種類型的人會出現在你面前，向你伸出援手，

那就是⋯⋯

你沒事吧
⋯⋯

~~哆啦A夢~~ ESFJ 型人

身體不舒服嗎？

ESFJ 型人非常熱心，能敏銳地發現人們的需求，

他們與人為善，

來喝點水。

總是在別人面前表現出自己最好的一面。

ESFJ 型人責任感很強，做事嚴謹，重視安全性和可靠性，

各種細節都逃不出他們的法眼。

他們善解人意，

很樂意成為他人的支持者，

他們有特殊的天賦，能讓人們喜歡他們，所以人們喜歡圍繞在 ESFJ 型人周圍。

在 ESFJ 型人取得成就時，

如果好友表現得漠不關心，

ESFJ 型人非常需要別人的認可，

他們就會受到極大的傷害。

看到別人快樂時，他們會得到很大的滿足。

他們樂於付出，

他們對別人的需求非常敏感，常常會很慷慨地給予實際的關心。

他們如此關心他人，以至於有時候會因為別人的不幸而難過。

ESFJ 型人有很強的道德感，

但這種道德感往往是由他們所在的群體界定的，

正確方向

而不是來自他們本身的價值體系。

有時候，他們也很容易誤入歧途。

ESFJ 型人在組織內會感到非常舒適,

他們喜歡創造規則和架構,喜歡從事需要這種技能的工作,

交通規則

1. ＊＊＊＊

2. ＊＊＊＊

3. ＊＊＊＊

有時候,他們會與那些不願意聽人指揮的人產生衝突。

ESFJ 型人會對那些抽象的理論、概念，

或者需要客觀分析的事情感到頭疼⋯⋯

自由意志　　　　倫理道德

人格類型

社會存在

上層建築

陣亡～

⋯⋯　　　　⋯⋯

ESFJ 型人會非常舒適地扮演符合他們性別的角色：

ESFJ 型男性會表現得很陽剛，

而 ESFJ 型女性則會表現得很溫柔。

協調者（ESFJ）
性格關鍵詞

親切的

有人緣

協調者

盡職

體貼的

崇尚權威

口才好

協調者（ESFJ）
代表人物

惠妮・休斯頓
Whitney Houston

安德魯・卡內基
Andrew Carnegie

安・海瑟薇
Anne Hathaway

休・傑克曼
Hugh Jackman

INFJ 勸導者

INFJ 型人心懷善意，具有神祕感、超人的直覺力和感受力，所以我將其設計為莊子的形象。

INFJ 型人具有豐富的想像力，常常被看做富有詩意和神祕感的一群人。

他們的語言充滿想像力。

北冥有魚，
其名為鯤。

鯤之大，
不知其幾千里也。

在學校，他們往往選擇文學與藝術做為主修科目。

在傳遞訊息時，他們是運用譬喻的高手。

> 人生就像
> 吃烤番薯……

雖然有時候不太容易被人理解……

> 不知道什麼時候
> 會放屁！

> 什麼跟
> 什麼？

INFJ 型人有一種促成他人幸福、安寧的強烈渴望。

但由於這種善意往往來自他們的一廂情願,

大冬天的……
好可憐。

所以結果往往事與願違。

搞什麼?
這樣我怎麼
冬眠……

INFJ 型人熱衷於幫助人們認識自己的潛能，

希望引導他人獲得最大程度的自我實現。

> 這位同學，
> 我看你在運動方面
> 天賦異稟，

> 必定能成為
> 奧運會健將。

INFJ 型人有強烈的移情能力，能夠洞察別人的情感或者意圖，

甚至在那個人自己都沒有意識到之前。

這樣的能力是其他類型的人所不具備的，即便是 INFJ 型人自己，
也不知道自己是如何做到的。

INFJ 型人是最有可能表現出理解超自然能力的一類人，

對於某些超自然現象，一般人的反應是：

而 INFJ 型人的反應是：

INFJ 型人有著極其豐富的內涵，但很矜持，
不願意與不信賴的人分享自己的感覺。

但和所愛的人在一起時，他們會毫無保留地表達自己的感受。

出色的直覺和豐富的感受能力，讓 INFJ 型人時常在人生的不同階段，表現出矛盾的性格。

時而謙遜有禮

時而狂放不羈

時而輕信

時而睿智

時而外向

時而閃敏

有時候，他們也不知道自己是什麼樣的人格。

INFJ 型人在需要人們互相施加影響的職業領域遊刃有餘，
特別是在一對一的諮詢行業，他們可以在這個行業施展他們的說服技巧。

勸導者（INFJ）
性格關鍵

內省

靈感提供者

敏感

神祕感

精神的

詩意

沉思

勸導者（INFJ）
代表人物

柏拉圖
Plato

西蒙・德・波娃
Simone de Beauvoir

湯瑪斯・傑佛遜
Thomas Jefferson

阿嘉莎・克莉絲蒂
Agatha Christie

班奈狄克・康柏拜區
Benedict Cumberbatch

INFP 化解者

INFP 型人是充滿詩意的理想主義者，能將靈感化成言語或其他的表現形式，性格安靜而內斂，所以我將其設計成一個知性的少女形象。

INFP 型人並不多見，他們在人群中總是沉默而害羞，

但是他們身體裡蘊含著巨大的能量，即便在最糟糕的環境裡，
他們都能看到事物積極的一面。

當和志趣相投的人在一起的時候，他們總能感覺非常和諧。

INFP 型人都是充滿理想主義和自由精神的個體，

他們說話輕聲細語，非常重視自己的內心世界。

他們富有同情心、感受力強，內心充滿了詩意的形象，

時常能喚起很多人的共鳴。

在對事物做出評價的過程中，INFP 型人會遵循直覺而不是邏輯推理。

他們對於美麗和醜陋，道德和不道德相關的問題很敏感。

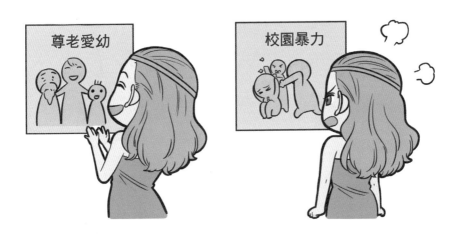

這讓他們時常對某些事物有非黑即白的看法。

151

他們天生善於使用隱喻的手法，有解釋和創造符號的能力，時常會用詩意的方式進行寫作。

他們有時候看起來似乎精通某個領域，

哇！你好精通園藝呀！

而實際上，他們可能從未真正掌握這一領域的技能或知識。

不！我、我只是初學者而已……

INFP 型人如果有一個不快樂的童年，就很容易對他人產生疏離感，他們喜歡尋求內心和人際關係這兩方面的和諧。

如果經常受到父母的責難，並且被拿來和周圍的榜樣進行對比，他們就會感到自慚形穢。

你哭什麼！
整天哭哭啼啼，
你看看隔壁家的……

INFP 型人可能會迷失在追求美好的過程中，而忽視日常生活的需要。

INFP 型人往往會深入思考，

比任何其他類型的人更喜歡思考各種假設和哲學。

哲學

唯心主義

唯物主義

在沉迷於某些事物時，INFP 型人可能會與其他人失去聯繫，

進入「隱居模式」。這時，他們的朋友或合作夥伴，

要費很大的力氣才能讓他們回到現實世界。

INFP 型人不喜歡衝突，並且會不遺餘力地避免衝突。

你、你們別打了！

如果他們必須面對，他們就會以自身的情感角度出發。面對衝突時，他們對誰對誰錯不感興趣，他們關注的是衝突讓他們產生的感覺。

為什麼會這樣，
你們以前明明那麼要好！

INFP 型人通常是很好的調解者，並且善於解決他人的衝突，因為他們非常理解人們的觀點和感受，並且真誠地想要幫助他們。

哇！對、對不起，
你、你別哭啊！

我們不打了！

INFP 型人會依靠情感和道德來自我協調，
現實與理想相牴觸對他們來說才是真正的挑戰。

該交房租啦！

化解者（INFP）
性格關鍵詞

語言天賦

悲觀

孤僻

道德感強

「愛與和諧」

沉默

理想主義

化解者（INFP）
代表人物

法蘭茲・卡夫卡
Franz Kafka

J・K・羅琳
J.K. Rowling

文森・梵谷
Vincent van Gogh

威廉・莎士比亞
William Shakespeare

喬治・歐威爾
George Orwell,

約翰・藍儂
John Lennon.

ENFJ 教師

ENFJ 型人富有激情和魅力，在人群中非常耀眼，會帶領大家
實現共同的目標，所以我將其設計成老師的形象。

ENFJ 型人是天生的領導者，充滿激情和魅力。在總人口中，他們大約占 2%，他們經常是政治家、教練和老師。善於激勵他人實現自我。

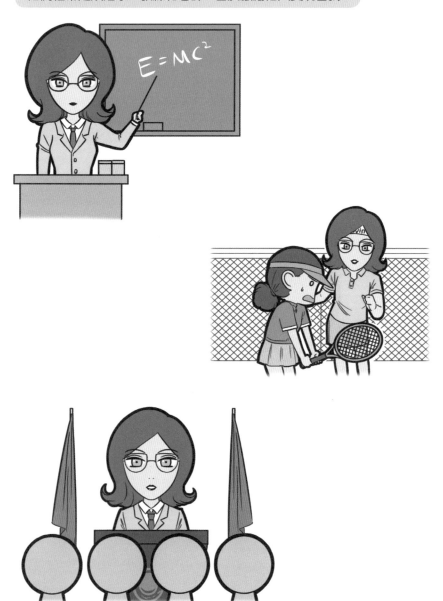

人們往往會被具有強烈個性的人所吸引。當 ENFJ 型人說出大家的心聲時，他們就會散發真實、關心和利他主義的光芒。

ENFJ 型人敢於站起來說話，對他們來說，與人交流是自然的、舒服的，他們能通過事實、邏輯和情感，來讓人們達成統一意見。

他們往往能夠把不同的想法結合在一起，並塑造為一個共同的目標來實現。

永遠第一！

ENFJ 型人的注意力集中在外部。

獨處對他們中的一些人來說，是很困難的事情。

焦慮

煩躁

因此，ENFJ 型人可能會避免獨自一人，並通過與他人相關的活動，來充實自己的生活。

ENFJ 型人傾向於根據其他人的需求來定義
他們的生活方向，和做事的先後順序，

並且可能沒有意識到自己的需求。

有魅力和受歡迎是 ENFJ 型人的特質，他們本能地知道如何抓住聽眾的注意力，並能通過各種方式來獲取聽眾的喜愛。

他們溝通能力一流，能夠通過改變語氣和說話方式來迎合聽者的需求。

哇！這麼醜的玩具我不要！

小妹妹，這隻小猴子就像你一樣，如果知道你不喜歡他，他會難過的。

真、真的嗎？

對呀！

ENFJ 型人有一種永不妥協的精神，
　會熱情、無私地為自己的社區做善事。

ENFJ 型人真誠的相信，
　如果能把人們團結在一起，就能創造一個美好的世界。

ENFJ 型人喜歡良好的組織，

並會努力維護組織結構和解決不確定的問題。

他們有一種挑剔的傾向，尤其是在對待家人方面。

刷牙要從裡到外，
從上到下刷！

杯子裡的水
別溢出來！

漱口要漱乾淨！

ENFJ 型人最大的興趣在於成為他人改變的催化劑。

但是如果他們意識到自己的行為會干擾別人,他們就會克制自己。

有時候，即使身處在人群之中，ENFJ 型人也會感到很孤獨。

你都多大了啊？
還不結婚啊？

你看鄰居家小張，
孩子都好大啦。

這種孤獨的感覺可能會因為沒有展現他們真實的自我，而變得更加強烈。

我只想要自由自在的
生活而已。

ENFJ 型人對親密關係有著強烈的需求，
並且會在創建和維護這些關係方面付出很大的努力。

只要涉及一段親密關係，他們就會非常忠誠，是值得信任的人。

教師（ENFJ）
性格關鍵詞

善於開發人的潛能

有魅力的

活動領導者

有說服力

無視低落的情緒

有同情心的

教師（ENFJ）
代表人物

約翰・馮・歌德
Johann von Goethe

馬丁・路德・金恩
Martin Luther King

埃里希・弗羅姆
Erich Fromm

歐普拉・溫芙蕾
Oprah Winfrey

珍妮佛・勞倫斯
Jennifer Lawrence

ENFP 奮鬥者

ENFP 型人富有活力、精力充沛，所以我將其設計成擅長空手道的「元氣少女」的形象。

當不熟悉的一群人聚在一起時，

氣氛往往會變得十分沉悶，

人們彷彿置身於……

沒話題　　　　　　　內向

尷尬

這時候，能夠拯救他們的，

只有……

ENFP 型人

ENFP 型人是天生的交際高手，

從外太空

發現宜居行星……

到女性話題

生理期時……

無論任何話題，都能激發他們的聊天欲望。　天生接話王

ENFP 型人的精神總能保持亢奮。

他們是眾人矚目的焦點，　　　　　　　　實乃……

居家旅行、炒熱氣氛必備之良方。

專治各種冷場

炒

在 ENFP 型人看來，世界上的事物無一不具備重要的意義和深刻的內涵，

ENFP 型人喜歡體驗能影響人們生活的事件，
並會熱切地闡述這些事件的歷史意義。

他們渴望得到關於人類和有關問題的真理。

ENFP 型人在和他人進行交流時總是不知疲倦，
他們會迫不及待地把他們的想法全部說出來。

滔滔不絕

這使得他們在所有的人格類型中，顯得最為活潑、富有生氣。

嘿呀！

一旦你完成了某件事情，

ENFP 型人絕不會吝嗇讚美之辭……

哪裡哪裡

好厲害啊！

你為什麼這麼厲害！

簡直巧奪天工！

出神入化！

爐火純青！

直到讓你感到厭煩為止。

……

……

有完沒完……

而當 ENFP 型人完成了某件事情時，

ENFP 型人有時候會裝瘋賣傻，

因此，他們能很快地融入周圍人當中。

他們很風趣、待人友善，會很真誠地和周圍的人維持一種和諧的關係。

然而他們的注意力很難集中，他們很容易被新鮮的事物吸引。

ENFP 型人對新朋友比較感興趣。

你是誰啊？

ENFP 型人往往才華出眾，能在自己感興趣的領域取得成就。

他們興趣非常廣泛，有時甚至讓人覺得他們缺乏方向、沒有目的，或者說，他們十分任性。

其實不然，ENFP 型人其實是相當專注的。

沒有什麼比失去自我更令他們恐懼的了。

他們忠於自己的內心，ENFP 型人需要在生活中感覺到真實的自我！

喝！

他們會不停地追求生活和自我價值實現之間的平衡，
以得到內在的平和。

但是他們的追求，
往往會受到諸多外界因素的干擾。

嗡嗡

嗡嗡嗡

所以 ENFP 型人的情緒很容易劇烈波動。

吵死了！

ENFP 型人是長不大的小孩，永遠樂呵呵的。

在面對需要嚴格執行的時間表和世俗任務時，他們會非常煩惱。

時間表

早	看書
	畫畫
中	吃飯
	寫作業
晚	唱歌
	洗澡

在做事方面，他們喜歡等到事情最後一刻才執行……

一會再說……

結果……

他們往往是重度拖延症患者。

又遲了！？

奮鬥者（ENFP）
性格關鍵詞

樂觀

充滿熱忱

活潑

急躁

有創意

不受束縛

善於交際

奮鬥者（ENFP）
代表人物

華特・迪士尼
Walt Disney

羅賓・威廉斯
Robin Williams

馬克・吐溫
Mark Twain

安妮・法蘭克
Anne Frank

奧斯卡・王爾德
Oscar Wilde

ISFP 藝術家

ISFP 型人富有藝術家氣質，對美的事物非常敏感，所以我將其設計成小提琴家的形象。

ISFP 型人通常有很好的審美能力，對視覺、形狀和聲音有深刻的理解。

即使不是藝術家或設計師，

ISFP 型人仍然可能對自己喜歡和不喜歡的東西有非常明確的看法。

大師作品！

垃圾！

ISFP 型人是受行動驅動的人，
他們往往在需要「實際操作」的環境中能學習得很好。

除非能看到實際的應用，否則 ISFP 型人對抽象的概念不感興趣，
所以他們很容易對傳統的學習方式感到厭倦。

在 ISFP 型人害羞的外表下，跳動著一顆滾燙的心。

當他們被令人興奮和有趣的事物吸引時，

哇！

他們會奮不顧身地投入進去。

ISFP 型人熱衷於尋找各種方式來釋放他們的激情，他們喜歡參與類似於極限運動這樣的高風險活動。

幸運的是，他們在與外部世界的協調方面，比大多數人做得更好。

ISFP 型人會讓他人感到放鬆而溫暖，

他們待人寬容的態度自然會讓他們變得可愛和受歡迎。

他們非常善解人意，對別人的情緒變化非常敏感。

他們會幫助他人樹立積極向上的態度，

樂意花時間幫助每一個需要幫助的伴侶或朋友。

儘管時常在聚光燈下，

但 ISFP 型人仍然是內向的。

他們的孤獨並不意味著他們會與外界隔絕，

只是他們會花很多時間進行自省和展現自我。

ISFP 型人擁有藝術家的氣質，他們能夠以有形的方式展示創造力，並創造令人驚嘆的美。無論是通過寫歌、繪畫，還是戲劇表演，他們總有一種能讓觀眾產生共鳴的創造方式。

ISFP 型人面臨的最大挑戰是對未來的規畫，
他們不會按照資產和退休計畫來規畫未來。

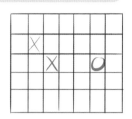

活在當下是他們的人生信條。

買買買！

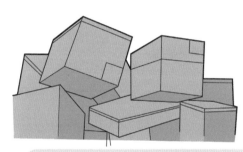

這一點會導致他們和伴侶的關係變得緊張，以及階段性的生活困難。

這個月喝
西北風吧！

帳單

ISFP 型人往往懷疑自己能否把他們擅長的事情做好。

要怎麼開始呢？

他們的完美主義傾向會導致他們對自己過度嚴厲。

一年後

不行，準備還不夠充分！

還沒開始動筆……

他們富有原創和獨立精神，喜歡擁有個人的空間。

不了解他們的人可能會把他們自我的行為方式看作玩世不恭。

但是實際上，他們對自己的生活非常重視，

他們會不斷地提升自我，去挖掘隱藏在生活背後的意義。

藝術家（ISFP）
性格關鍵詞

短期計畫者

溫暖而敏感

藝術家氣質

謙遜

友善

好隊友

富有同情心

藝術家（ISFP）
代表人物

麥可・傑克森
Michael Jackson

蕾哈娜
Rihanna

奧黛麗・赫本
Audrey Hepburn

瑪麗蓮・夢露
Marilyn Monroe

伊莉莎白・泰勒
Elizabeth Taylor

ISTP 巧匠

在自我的空間裡，ISTP型人是運用工具的高手，所以我將其設計成一個喜歡動手的巧匠形象。

ISTP 型人非常擅長使用某種工具。

從簡單的機器修理，

到高難度的精密操作；

從小型的解剖實驗，

到起重機駕駛。

我們大多數人都有使用某種工具的技能，

但是 ISTP 型人往往才是這方面的專家。

當談到實用的東西、機械或工藝時，ISTP 型人很有想像力，新奇的想法會不斷地在他們的腦海中湧現。

他們喜歡用自己的雙手去實現目標。

ISTP 型人積極樂觀、注重現實，喜歡追求刺激的生活，也會享受當下。

他們敢於創新，具有很強的適應力。

與 ENFP 型人不同，
ISTP 型人傾向通過行動而不是言語交流來獲得滿足感。

他們會沉迷於器械的使用，喜歡享受孤獨的氛圍。

ISTP 型人往往對學校的課程不感興趣,

有時候,他們甚至會與學校制度發生激烈的衝突。

總之,抽象的概念不是他們擅長的領域,
他們更願意拿起實際的工具來實現想法。

他們往往能通過自己的努力培養自己感興趣的能力。

同時，他們非常獨立和嚮往自由。

ISTP 型人的行為有時候讓人難以理解，比如，

他們可能會對剛認識幾天的同事非常大方。

但他們不受計畫和諾言的約束，所以遇到困難時，

你也不要指望他們會全力相助。

ISTP 型人會關心家人。

但是有時候，他們會因為沉迷於享樂而忘記承擔家庭的責任。

預測 ISTP 型人的情緒是件非常困難的事，
我們通常只能通過他們的行動來判斷。

煩著呢，
別理我！

巧匠（ISTP）
性格關鍵詞

喜歡嘗試各種東西

冷淡

敏銳

實用主義

衝動

喜歡無拘無束

操作工具的專家

巧匠（ISTP）
代表人物

史蒂芬·賈伯斯
Steve Jobs

史嘉麗·喬韓森
Scarlett Johansson

克林·伊斯威特
Clint Eastwood

艾倫·佩姬
Ellen Page

李小龍
Bruce Lee

ESFP 表演者

ESFP 型人活潑外向、充滿生氣，彷彿生活在舞臺之上，所以我將其設計成一個引人矚目的戲劇表演者形象。

在所有人格類型中，ESFP 型人是最有天賦的表演者，對他們來說，世界就是一個巨大的舞臺。

出生

學習

結婚

ESFP 型人樂觀開朗，善於傳播喜悅。

他們喜歡當眾表演帶來的興奮感，

　　無論走到哪，他們都會試圖製造一種正在表演中的感覺。

ESFP 型人極度不喜歡孤獨感，無論做什麼事，他們都會儘可能地尋找夥伴。

他們是活潑機智的健談者。

對 ESFP 型人來說，沒有什麼不能被拿來開玩笑。

他們喜歡生活在快車道，

他們喜歡時尚的服裝、新上市的食品，以及娛樂。

他們走到哪裡都是一副興高采烈的樣子，
在生活中常常會想像自己正在參加某個宴會。

他們善於享受生活。

他們容易因為衝動、任性而受到誘惑。

把烤魷魚，給我留下！

ESFP 型人經常會投入一時興起的事情，
只要是能給自己帶來一段美好時光的事情，他們都願意嘗試⋯⋯

但通常不會考慮後果。

再玩一下吧！

ESFP 型人不善於承受過多的壓力，在工作中，
他們會儘量忽略其中的負面因子。

「看到生活中光明的一面」是他們的人生信條。

ESFP 型人是 16 種類型的人中，最慷慨大度的。

他們毫不吝嗇，會毫不保留地分享自己擁有的一切。

他們不求報答，就像他們在自由的戀愛中不期待有所收穫一樣。

ESFP 型人會直接地表達情感，從不隱瞞自己的心事，

他們也非常容易陷入愛河。

他們有時會專心地取悅每一個人，這會讓他們顯得用情不專。

223

表演者（ESFP）
性格關鍵詞

精力充沛

慷慨

有情緒感染力

實際

同時做很多事

喜歡社交

人生只有一次！

表演者（ESFP）
代表人物

昆汀·塔倫提諾
Quentin Tarantino

史蒂芬·史匹柏
Steven Spielberg

威爾·史密斯
will smith

李奧納多·狄卡皮歐
Leonardo DiCaprio

凱蒂·佩芮
katy perry

ESTP 創業者

ESTP 型人具備商業頭腦，是有挑戰精神的冒險家，所以我將其設計成一個善於解決問題的創業者形象。

面對未來的不確定性，許多人會顯得猶豫不決。

但是 ESTP 型人似乎不會這樣，

他們是以行動為導向的冒險家，
會大膽地追求想要的東西，並對自己充滿信心。

他們具有驚人的洞察力，

他們經常在別人沒有察覺之前就注意到事情的變化。

他們總是最先抓住機會，
在正確的時間出現在正確的地方。

他們總能獨闢蹊徑，找到別人想不到的路徑。

ESTP 型人並不排斥哲學和知識，

但是比起抽象的概念，

他們更期待找到可操作的方法。

ESTP 型人可能聰明絕頂，很有經營管理的頭腦。

但是在學生時代，完成課業對他們而言仍是一項艱鉅的任務。

ESTP 型人能言善辯，

這種能力有助於他們成為人群中的領導者。

但成為領導者往往不是他們主動追求的結果，

他們天生就有領導者相關的資質。

專注在一個細微的領域會讓 ESTP 型人感到不耐煩。

ESTP 型人會不斷地尋找目標,

　　用自己的節奏來保持興奮的狀態。

遊戲主機

ESTP 型人非常自信，在與別人的對話中時常處於強勢的地位。

他們面對競爭時的激情，有時候會讓他們顯得有些粗暴。

儘管這可能是他們在複雜情況下不得已採取的行為方式，

但還是會不經意傷害別人的感情。

當按照自己的意願行動的時候，
　ESTP 型人會取得更大的成就。

今年的業績有
很大的提升。

他們的創造力會被煩瑣的日常扼殺，

所以他們時常與嚴格的規章制度發生衝突。

究竟要通過多少
部門的審核啊？

235

創業者（ESTP）
性格關鍵詞

不按常理出牌

自然的

喜歡社交

討人喜歡

風趣

善於解決問題

功利

堅韌

創業者（ESTP）
代表人物

亞歷山大大帝
Alexander the Great

艾美・懷斯
Amy Winehouse

安潔莉娜・裘莉
Angelina Jolie

厄尼斯特・海明威
Ernest Hemingway

巴納姆效應（Barnum effect）是指這樣一種心理學現象：人們會很容易相信某個含糊不清、模稜兩可的人格描述是很適合自己，即使這種描述十分空洞，人們仍然會認為這種描述反映了自己的人格面貌。

在 MBTI 測試中，人們是否能完全擺脫巴納姆效應，取決於他們對人格和自身的認知程度。對於差異較大的不同人格類型，我們很容易區分。比如，我們不太可能弄混冰冷內向的 ISTJ 型人和熱心外向的 ESFP 型人。

但是在個別人格特質上，不同人格類型會表現出某種共通性。比如，INTJ 型人和 ISTJ 型人都是自律的、計劃性強的人，而 ESTJ 型人和 ESFJ 型人都會表現出捍衛傳統的特質。這就需要我們從其他維度（例如，更深層次的八維認知功能⑤）對其進行區分。

注⑤：八維認知功能：瑞典著名人格心理學家榮格，將人的心理傾向分為外向和內向，結合人的心理活動有思維、感情、感測和直覺這四種基本功能，提出了八維認知功能。

後記

　　這幾年，在繁重的漫畫連載之餘，我還要查閱大量的資料，和浩子討論漫畫的表現手法。這個過程既艱辛又有趣，現在終於迎來成果！

　　這本書是我們探索漫畫語言的一個重要方向，她的出版是我們長久的心願！

　　期間，我經歷了不少波折甚至是創意被抄襲之類的事情，但最終得以將這本書呈現在讀者面前，算得上是不大不小的奇蹟了！我希望她能成為很多人的 MBTI 啟蒙甚至是心理學啟蒙之作。

　　無論測試結果表明你是什麼樣的人格，它都是你人格的某種組成部分。瞭解 MBTI 的意義在於：明白沒有哪種人格是「最好的人格」，每種人格都有優勢和劣勢的部分。在探尋 MBTI 的過程中，我們會更好地認識自己和他人，領悟雅典德爾菲神廟那句神諭──「認識你自己」的喻義。

　　感謝好友兔子，多謝你發給我 MBTI 的測試題，那是我瞭解 MBTI 的開始。

　　感謝人民郵電出版社的各位出版人，特別是王振傑編輯和張渝涓女士，沒有你們的慧眼就沒有這本書的出版。

　　感謝在貼吧、豆瓣、知乎給我們點讚、留言的朋友。有你們的鼓勵，我才能熬過苦悶的創作階段！

涼峰

歡迎大家到我的微博（@涼—FENG）留言！
告訴我你的測試結果和感受！

239

FUN 系列 074

看漫畫，秒懂MBTI 16型人格！

作　　者──梁鋒、胡凌浩
主　　編──陳信宏
責任編輯──王瓊苹
責任企劃──吳美瑤
美術設計──黃鳳君

編輯總監──蘇清霖
董 事 長──趙政岷
出 版 者──時報文化出版企業股份有限公司
　　　　　　108019 臺北市和平西路三段240號3樓
　　　　　　發行專線─（02）2306-6842
　　　　　　讀者服務專線─（0800）231-705．（02）2304-7103
　　　　　　讀者服務傳真─（02）2304-6858
　　　　　　郵撥─19344724 時報文化出版公司
　　　　　　信箱─10899 臺北華江橋郵局第99信箱
時報悅讀網──http://www.readingtimes.com.tw
電子郵件信箱──newlife@readingtimes.com.tw
時報出版愛讀者──http://www.facebook.com/readingtimes.2
法律顧問──理律法律事務所　陳長文律師、李念祖律師
印　　刷──和楹印刷有限公司
初版一刷──2020 年 10 月 9 日
初版六刷──2024 年 8 月 26 日
定　　價──新臺幣 340 元

看漫畫,秒懂MBTI 16型人格! / 梁鋒, 胡凌浩著.
-- 初版. -- 臺北市：時報文化, 2020.10
　面；　公分. -- (Fun系列；74)
ISBN 978-957-13-8351-4(平裝)

1.人格心理學 2.通俗作品 3.漫畫

173.75　　　　　　　　　　　　109012602

ISBN 978-957-13-8351-4
Printed in Taiwan